BEI GRIN MACHT SICH IHR WISSEN BEZAHLT

- Wir veröffentlichen Ihre Hausarbeit, Bachelor- und Masterarbeit

- Ihr eigenes eBook und Buch - weltweit in allen wichtigen Shops

- Verdienen Sie an jedem Verkauf

Jetzt bei www.GRIN.com hochladen und kostenlos publizieren

Das Dionysos-Theater im klassischen Athen

Die Auswirkungen des Dionysos-Kultes auf das Theater und die kulturelle Landschaft Athens

Emma Fuchs

Bibliografische Information der Deutschen Nationalbibliothek:

Die Deutsche Nationalbibliothek verzeichnet diese Publikation in der Deutschen Nationalbibliografie; detaillierte bibliografische Daten sind im Internet über http://dnb.d-nb.de abrufbar.

ISBN: 9783389046784
Dieses Buch ist auch als E-Book erhältlich.

© GRIN Publishing GmbH
Trappentreustraße 1
80339 München

Alle Rechte vorbehalten

Druck und Bindung: Books on Demand GmbH, Norderstedt Germany
Gedruckt auf säurefreiem Papier aus verantwortungsvollen Quellen

Das vorliegende Werk wurde sorgfältig erarbeitet. Dennoch übernehmen Autoren und Verlag für die Richtigkeit von Angaben, Hinweisen, Links und Ratschlägen sowie eventuelle Druckfehler keine Haftung.

Das Buch bei GRIN: https://www.grin.com/document/1490269

Das Dionysos-Theater im klassischen Athen -
Die Auswirkungen des Dionysos-Kultes auf das Theater und die
kulturelle Landschaft Athens

Gliederung

1.	Einleitung	3
2.	Dionysos und Dionysos-Theater	4
2.1.	Dionysos	4
2.2.	Das Dionysos-Theater im klassischen Athen	5
2.3.	Dionysos in den Dramen	6
3.	Einfluss und Bedeutung des Theaters	9
3.1.	politische Bedeutung	9
3.2.	Einfluss auf kulturelle Landschaft	10
4.	Fazit	12
5.	Quellen- und Literaturverzeichnis	13

1. Einleitung

Das Antike Theater und der Götterkult sind zwei Dimensionen der griechischen Antike, die in der Gegenwart Anklang finden. Seien es Friedrich Nietzsche oder Thomas Mann[1], die Dramen von Sophokles, Euripides, Aischylos oder anderen antiken Autoren werden bis heute untersucht. Im 20. Jahrhundert erleben Dramen von Aischylos und Co. eine neue Popularität[2] und das wohl zurecht. Die Dramen befassen sich nicht nur mit der mythischen Geschichte des antiken Griechenlands und insbesondere Athens, sondern ebenfalls mit allgemeinen ethischen und moralischen Fragen[3] und besonders gegen Ende des 5. Jahrhunderts wurden die Stücke weniger politisch und befassten sich mehr mit privaten Themen[4]. Aufgrund dessen lassen sich die Stücke zeitlos behandeln.

In dieser Arbeit soll nun beleuchtet werden, welchen Einfluss der Kult rund um den Theatergott Dionysos auf die Ausprägung des Theaters in Athen hatte und wie dies sich wiederum auf die kulturelle Landschaft der Polis auswirkte. Hierzu wird zunächst eine theoretische Grundlage geschaffen. Es wird hierfür herausgearbeitet, wie der Gott Dionysos charakterisiert wird und welche Unterschiede es zwischen dem kultischen und dem mythischen Dionysos gibt. Weiter werden die Feste zu Ehren des Gottes untersucht und anschließend die Ausprägung des Mythos und Kultes auf die Dramen und ihre Aufführung. Auch interessant herauszustellen wird sein, wie das Theater mit zeitgenössischen politischen Ereignissen arbeitet und wie das alles Einfluss auf das kulturelle Leben in Athen hat, ob das Theater überhaupt Einfluss hatte oder doch eher nur eine spiegelnde Funktion hatte und inwiefern darin Dionysos wiederzuerkennen ist.
Für die Ausarbeitung werden einige Sekundärtexte miteinander in Verbindung gesetzt, als Primärquellen dienen Dramen von Sophokles, Euripides und Aischylos.

---

[1] Henrichs, Albert: *Der rasende Gott: Zur Psychologie des Dionysos und des Dionysischen in Mythos und Literatur.* Antike und Abendland Vol. 40, Hamburg 1994, S. 31 – 58. hier S. 31.
[2] Feichtinger, Barbara: *Aischylos.* In: Kai Brodersen (Hrsg.): *Große gestalten der griechischen Antike. 58 historische Porträts von Homer bis Kleopatra.* Verlag C.H. Beck, München 1999. hier S. 122.
[3] Funke, Peter: *Athen in klassischer Zeit.* Verlag C.H. Beck, München 1999. hier S. 75.
[4] Zimmermann, Bernhard: *Aristophanes.* In: Kai Brodersen (Hrsg.): *Große gestalten der griechischen Antike. 58 historische Porträts von Homer bis Kleopatra.* Verlag C.H. Beck, München 1999. hier S. 164.

2. Dionysos und Dionysos-Theater

Die erste Ebene dieser Forschung ist der Gott Dionysos selbst und seine Verehrung durch die Festlichkeiten. Besonderes Augenmerk wird hier, auch entsprechend dem Seminarthema, der Fokus auf Athen, das Zentrum der griechischen Kultur[5] gelegt.

2.1. Dionysos

Dionysos ist ein Sohn von Zeus[6], er ist bekannt für seine Ambivalenz und findet als Theatergott Verehrung bei den jährlichen Festen ihm zu Ehren, bei denen Dramen im Wettstreit miteinander aufgeführt werden.

Dass der Theatergott einflussreich war lässt sich auch über die Grenzen Athens hinaus beispielsweise anhand der orphischen Knochentäfelchen in Olbia beweisen, diese zeigen, dass der Kult auch in der milesischen Kolonie verbreitet war[7] und gleichzeitig zeigen sich in der Inschrift welche der grundlegenden Ambivalenzen, die den Gott ausmachen: «„Leben – Tod - Leben"[] „Frieden - Krieg"[] „Wahrheit - Lüge"»[8]. Ihm werden viele weitere Assoziationen zugeschrieben, die im Gegensatz zueinander stehen, wie Freude und Leid, Ländliches und die Polis, Gewalttätigkeit und Freude und auch sowohl männliches als auch weibliches Geschlecht[9]. So wurden im kultischen Dionysos weibliche und männliche Attribute vermischt[10]. Es gibt vieles Weiteres, wofür Dionysos steht, er ist bekannt als Gott des Weins, ritueller Ekstase, gar des Wahnsinns[11], als Theatergott machen ihn aber seine Zuständigkeiten für Vision, Fiktion, Maskerade, Tanz, Musik und Performance aus[12]. Diese Unterschiede bieten den Nährboden für die verschiedenen Ausprägungen einerseits des mythischen und andererseits des kultischen Dionysos. Je nachdem in Hinsicht welcher Version man etwas untersucht erhält man andere Ergebnisse[13], dennoch gibt es auch hier Überschneidungen z.B. in den Funktionen

---

[5] Gehrke, Hans-Joachim; Helmuth Schneider (Hrsg.): *Geschichte der Antike. Ein Studienbuch*. J.B. Metzler, Stuttgart 2019. hier S. 204.
[6] Fauth, Dr. Wolfgang (Göttingen): *Dionysos*. In: Konrat Ziegler und Walther Sontheimer (Hrsg.): *Der Kleine Pauly: Lexikon der Antike in fünf Bänden*. Deutscher Taschenbuchverlag, München 1979 (Der Kleine Pauly, Band 2). S. 77 – 85. hier S. 77.
[7] Vgl. Henrichs 1999, S. 48.
[8] Bierl, Anton: *Dionysos auf der Bühne. Gattungsspezifische Aspekte des Theatergottes in Tragödie, Satyrspiel und Komödie*. In: Renate Schlesier (Hrsg.): *A different God? Dionysos and Ancient Polytheism*. De Gruyter, Berlin, Boston 2012, S. 315 – 341. hier S. 315.
[9] Vgl. Bierl 2012, S. 315.
[10] Simon, Erika: *Festivals of Attica. An Archaeological Commentary*. The University of Wisconsin Press, Wisconsin 1983. hier S. 90 f.
[11] Vgl. Henrichs 1994, S. 31.
[12] Vgl. Bierl 2012, S. 316.
[13] Henrichs, Albert: *Between City and Country: Cultic Dimensions of Dionysus in Athens and Attica*. In: *Greek Religion and Society*. Mark Griffith, Donals J. Mastronarde (Hrsg.): *Cabinet of the Muses: essays on classical and comparative literature in honor of Thomas G. Rosenmeyer*. Atlanta 1990, S. 257-277. hier S. 258.

als Theatergott und als Weingott[14]. Der kultische Dionysos wird mit positiveren Emotionen assoziiert, während der mythische Dionysos negativ gar mit Zerstörung verbunden wird[15]. Es gibt auch Vermischungen der beiden Formen. z.b. in dem Drama *Die Bakchen* von Euripides[16], aber dazu mehr im Folgenden.

Dass Dionysos als Gott von Wichtigkeit war zeigt sich Einerseits in den verschiedenen Festlichkeiten ihm zu Ehren, den städtischen Dionysien, den ländlichen Dionysien und den Lenäen[17] oder Lenaia[18] und in mit besonders starker Außenwirkung groß angelegten Theater, in dem zuletzt Siebzehntausend Zuschauende Platz fanden[19], es gilt als wertvolles Denkmal in Athen[20] und ist eines der Bauwerke, die mit Prunk eine Symbolwirkung für die Demokratie haben[21].

2.2. Das Dionysos-Theater im klassischen Athen

Das klassische Athen war eine Zeit voll Kultur und Wettstreit in der Kunst[22], das zeigt sich sehr gut in den Festen zu Ehren des Dionysos. Da in dieser Arbeit der Fokus auf der Polis Athen liegt werden die ländlichen Dionysien ausgeklammert.

Die „Städtischen" oder auch „Großen Dionysien" fanden jährlich im attischen Monat Elaphebolión[23] statt und bestanden zum Großteil aus einem Theaterwettstreit verschiedener Dramatiker[24], der sich über den Zeitraum von drei Tagen erstreckte[25]. Unterschieden wird bei den antiken Dramen zwischen Tragödien, Komödien und Satyrspielen. Insgesamt müssten bis Ende des 5. Jahrhunderts gerechnet ca. 2000 Dramen gezeigt worden sein, davon sind allerdings nur 32 Tragödien und elf Komödien[26] erhalten[27], das macht es wie so oft in der Erforschung der Antike schwer, fundierte Urteile zur Fragestellung zu finden und

---

[14] Vgl. Henrichs 1990, S. 257.
[15] Vgl. Bierl 2012, S. 322.
[16] Vgl. Henrichs 1994, S. 37.
[17] Vgl. Bierl 2012, S. 316.
[18] Fauth, Dr. Wolfgang (Göttingen): Lenaia. In: Konrat Ziegler und Walther Sontheimer (Hrsg.): *Der Kleine Pauly: Lexikon der Antike in fünf Bänden*. Deutscher Taschenbuchverlag, München 1979 (Der Kleine Pauly, Band 3). S. 556 – 557. hier S. 556.
[19] Melchinger, Siegfried: *Geschichte des politischen Theaters 1*. Suhrkamp, Frankfurt a.M. 1974. hier S. 32.
[20] Goette, Hans Rupprecht: *Die Basis des Astydamas im sogenannten lykurgischen Dionysos-Theater zu Athen*. Antike Kunst, 42. Jahrg. (1999), S. 21 – 25. hier S. 21.
[21] Schulz, Raimund; Uwe Walter: *Griechische Geschichte ca. 800-322 v.Chr., Bd. 1: Darstellung*. De Gruyter, München 2022 (Oldenburg Grundriss der Geschichte). hier S. 143.
[22] Gehrke/ Schneider 2019, S. 204.
[23] nach unserem Kalender März/ April
[24] Vgl. Funke 1999, S. 74.
[25] Vgl. Funke 1999, S. 75.
[26] davon alle ausschließlich von Aristophanes
[27] Vgl. Funke 1999, S. 76.

wir müssen im Hinterkopf behalten, dass alle Erkenntnisse, die hier gemacht werden, nur einen winzigen Bruchteil berücksichtigen können. Mit dem, was wir haben, lassen sich die drei Formen des Dramas aber dennoch gut charakterisieren.

Die Komödie, offiziell erst 487/86 im Agon vertreten[28], handelt i.d.R. von einem ambivalenten Protagonisten, der auf einer Reise in einer alternativen Welt landet[29], diese haben die Form einer utopischen Gegendarstellung[30], somit werden gegenwärtige politische Verhältnisse kritisiert. Ihre lustige Form erhält sie dann beispielsweise dadurch, dass sich in den Stücken offen über Personen des öffentlichen Lebens lustig gemacht wird[31].

Auch das Satyrspiel ist eine Kritik, die sich gegen die Politik richtet[32], unterscheidet sich in seiner Form dennoch etwas von der Komödie. Beide Dramen-Formen haben einen Chor[33], der zum Publikum spricht, im Satyrspiel besteht dieser aus den Satyrn, den männlichen Begleitern des Dionysos, die Komödie hat einen eigenen Chor, der eine etwas aggressivere Art hat[34]. In jedem Fall schafft der Chor einen Bezug zu Dionysos[35].

Die dritte Form des antiken Dramas ist die von den zeitgenössischen Athenern geschätzte[36] Tragödie. Sie ist eine Athenische Erfindung[37], sie formen dramaturgische Spiele aus mythischen Erzählungen und förderten die Identität der Menschen Athens[38]. Die bekannten Tragödien sind auch am besten auf ihren Zusammenhang mit dem Theatergott untersucht und stehen in direktem Zusammenhang mit ihm, da sie ihm zu Ehren aufgeführt wurden[39].

2.3. Dionysos in den Dramen

Als Theatergott gab Dionysos den Athenern nicht nur Anlass zur Aufführung während der Festspiele, seine mythische und kultische Person findet sich in den Dramen und deren Motiven oftmals explizit wieder.

---

[28] Vgl. Bierl 2012, S. 318.
[29] Vgl. Bierl 2012, S. 331.
[30] Gödde, Susanne: *Athen: Autochthoner Raum und politisches Theater*. In: Jörg Dünne u. Andreas Mahler (Hrsg.): *Handbuch Literatur & Raum*. De Gruyter, Berlin, München, Boston 2015. hier S. 317.
[31] Vgl. Zimmermann 1999, S. 161.
[32] Vgl. Gödde 2015, S. 317.
[33] ebenso wie auch die Tragödie
[34] Vgl. Bierl 2012, S. 332
[35] Bierl, Anton: *Tragödie als Spiel und das Satyrspiel*. Verlag W. Kohlhammer, 2006 (Aufgang – Jahrbuch für Dichten, Denken und Musik, Band 3). hier S. 113.
[36] Vgl. Simon 1983, S. 89.
[37] Vgl. Gehrke/ Schneider 2019, S. 205.
[38] Vgl. Gödde 2015, S. 317.
[39] Vgl. Bierl 2012, S. 319.

Am Ende des 5. Jahrhunderts entsteht Aristophanes' Komödie *Die Frösche*, in welchem der verstorbene Dramatiker Aischylos und Euripides bei Dionysos vor Gericht stehen[40], sie konkurrieren um den Titel des besten Tragikers[41]. Hier findet sich auch das Motiv der Reise in eine alternative Welt[42], in dem Falle die Unterwelt[43] und auch die Ambivalenzen, die Dionysos in sich trägt, spielen hier eine wichtige Rolle[44].

In Sophokles' *Antigone* hat das 5. Stasimon die Form eines Gebets an Dionysos[45], an ihn gerichtet spricht der Chor zu ihm mit den Worten „Vielnamiger, der kadmeischen Jungfrau Kleinod und Stolz"[46].

In dem vorangehenden Stück *König Ödipus*, welches Aristoteles in seiner Poetik als „vollendetste[] Tragödie"(1453a10f.) betitelt[47], erfährt der Ödipus, dass er unwissentlich seinen leiblichen Vater ermordet und seine Mutter geheiratet hat und durch seine Taten Theben in eine Pest-Plage geführt hat, hier zeigt sich Grauenhaftigkeit und ein innerer Konflikt, denn Ödipus ist gewissermaßen unschuldig, hat der Polis gleichzeitig aber auch Unrecht getan[48].

Auch in *Die Perser* von Aischylos enthält traditionelle, kultische Elemente wie den Botenbericht, das Einzugslied oder die Totenbeschwörung[49].

Für Dionysos' Präsenz gibt es viele solcher Beispiele, dabei sticht aber eines besonders hervor, dass man sofort der Darstellung des Dionysos Kults und Mythen in Verbindung bringt[50]: *Die Bakchen* sind eine Tragödie des klassischen Dramaturgen Euripides, den Aristoteles in seiner *Poetik* (13, 1453a29-30) als den „tragischste[n] der Dichter" bezeichnete[51]. Das Stück stammt aus dem Jahr 405 v.Chr.[52], es zeigt die inneren Differenzen des Dionysos auf[53]. So wird Dionysos im zweiten Botenbericht mythisch und kultisch in seiner Gesamtheit dargestellt[54] und

---

[40] Gödde, Susanne: *Unsagbares sagen. Ästhetische und rituelle Aspekte des Schweigens in der griechisches Tragödie: Ödipus und Orest*. Poetica, Vol. 37 (2005) , No 3/4, S. 255 – 284. hier S. 256.
[41] Vgl. Zimmermann 1999, S. 156.
[42] siehe S. 4
[43] Vgl. Bierl 2012, S. 334.
[44] Vgl. Bierl 2012, S. 335.
[45] Vgl. Henrichs 1990, S. 265.
[46] Soph. Ant. V 1115.
[47] Krummen, Eveline: *Sophokles*. In: Kai Brodersen (Hrsg.): *Große gestalten der griechischen Antike. 58 historische Porträts von Homer bis Kleopatra*. Verlag C.H. Beck, München 1999. hier S. 143.
[48] Vgl. Melchinger 1974, S. 71.
[49] Melchinger, Siegfried: *Die Welt als Tragödie. Band 1 Aischylos Sophokles*. Verlag C.H. Beck, München 1979. hier S. 27.
[50] Vgl. Henrichs 1990, S. 257.
[51] Mueller-Goldingen, Christian: *Euripides*. In: Kai Brodersen (Hrsg.): *Große gestalten der griechischen Antike. 58 historische Porträts von Homer bis Kleopatra*. Verlag C.H. Beck, München 1999. hier S. 146.
[52] Vgl. Melchinger 1974, S. 83.
[53] Vgl. Bierl 2012, S. 320.
[54] Vgl. Bierl 2012, S. 326.

eine gestörte Beziehung zwischen Menschen und Götterwelt portraitiert[55], Pentheus Mutter ist besessen, sie

„Riß sie heraus die Schulter; nicht aus eigener Kraft,
Der Gott gab ihren Händen Leichtigkeit des Tuns."[56].

Euripides' Werke haben die Wirkung, die Zuschauenden zu verwirren mittels der aufgezeigten ethische Widersprüche[57].

Es gibt also auch ganz verschiedene Ausprägungen des mythischen und kultischen Dionysos, teils als eigene Figur, in Erwähnung seiner göttlichen Gestalt oder zumindest oft indirekt durch seine typischen Motive vertreten.

---

[55] Vgl. Henrichs 1990, S. 258.
[56] Eur. Bacch. V. 1127 f.
[57] Vgl. Mueller-Goldingen 1999, S. 153.

3. Einfluss und Bedeutung des Theaters

Das Dionysos-Theater war stets ein wichtiges Instrument für Machthabende, sich zu profilieren, die Peisistratiden förderten Kulte und religiöse Feste, um die Gemeinschaft der Polis zu stärken[58] und auch später dienten die Feste der Selbstdarstellung der Polis[59]. Es ist offensichtlich, dass ein derartig großes Spektakel, dessen Natur darin besteht, sich mit der eigenen Geschichte und politischen Ereignissen zu befassen, für die politische und kulturelle Landschaft insbesondere Athens durchaus bedeutend ist. Welche wechselseitigen Einflüsse es hier gibt wird in den nächsten Unterpunkten erläutert.

3.1. politische Bedeutung

In der politischen Bedeutung lassen sich verschiedene Wirkungsbereiche ermitteln; zum einen befassten sich die Dramen inhaltlich kritisch mit dem politischen System, das Theater diente dabei als „Sprecherin der Polis"[60], gleichzeitig werden die Feste von Machthabenden genutzt, um die Polis nach innen und außen zu stärken.

Für die Veranschaulichung der Adaption politischer Ereignisse in Dramen eignen sich Tragödien von Aischylos; seine *Orestie* verkörpert auf sehr politische Art[61] viele Themen, die die zeitgenössische Gesellschaft beschäftigten und ihr Sorgen bereitete, z.B. die Frage nach Legitimität des Krieges oder Staatsstreiche[62]. Politische Umwälzungen[63] werden mithilfe mythischer Erzählungen[64] diskutiert. *Die Perser* erzählt vom Krieg aus der Sicht der verlierenden Partei, dabei fließen Aischylos' eigene Erfahrungen aus dem Krieg mit ein[65]. Wie Aischylos den Krieg darstellt ist schwer zu deuten, so bezeichnet Siegfried Melchinger *Die Perser* in seiner Vorlesung über die *Geschichte des politischen Theaters* 1974 noch als „Antikriegsstück"[66], während er fünf Jahre später ausdrücklich schreibt, dass eben jenes nicht sei[67].

Eine Außenwirkung wurde neben prunkvollen Bauten wie dem Theater durch die Städtischen Dionysien erzielt, diese wurden nämlich mit politischen Zeremonien verbunden, nach außen Macht demonstrierten und der eigenen Bevölkerung ein Zeichen der inneren Stabilität sein

---

[58] Vgl. Funke 1999, S. 12 f.
[59] Vgl. Bierl 2012, S. 318.
[60] Melchinger 1974, S. 34.
[61] Vgl. Feichtinger 1999, S. 131.
[62] Vgl. Feichtinger 1999, S. 129.
[63] Vgl. Feichtinger 1999, S. 134.
[64] Vgl. Feichtinger 1999, S. 135.
[65] Vgl. Feichtinger 1999, S. 123.
[66] Melchinger 1974, S. 24.
[67] Vgl. Melchinger 1979, S. 39.

sollten[68]. Um 454 v. Chr. wurde im Delisch-Attischen Seebund Einiges strukturell verändert, alle Bündnispoleis mussten nun an den Dionysien und Panathenäen teilnehmen[69], diese Vormachtstellung im Delisch-Attischen Seebund spielte der athenischen Politik gut zu; unter der Hand von Ekklesia brachten alle Bundesgenossen ihre Abgaben anlässlich nach Athen und übergaben diese in kultischer Zeremonie, weil Athen im Besitz der Bundekasse war[70]. So nutze Athen seine ohnehin hohe Stellung[71], um während der Dionysien diese Macht gegenüber den Bundesgenossen weiter zu demonstrieren und diese Stellung zu festigen, während die Polis mit dem erweiterten Reichtum die Kultur auch fördern konnte. Kultur und Reichtum der Polis förderten sich gegenseitig.

3.2. Einfluss auf kulturelle Landschaft

Wie bereits erwähnt hatte die Ausführung der Dionysien auch den Zweck, die Polis als Gemeinschaft zu stärken. Das zeigte Wirkung, immerhin wurden die Plätze im Theater von Zehntausend auf Siebzehntausend erweitert[72]
In Zeiten vieler großer politischer Veränderungen hatte das Theater auch eine sinnstiftende Funktion[73] für seine Audienz. Die Darstellung der Ereignisse hatte den Zweck, Emotionen bei den Zuschauenden zu wecken[74]. Ein Mittel dafür war auch der Chor, dieser spricht zum Publikum und bezieht es mit ein[75] und ist gleichzeitig Verbindungsstück zu Dionysos und singt auch im zu Ehren[76]. Im 5. Jahrhundert gibt es in den Stücken oft Parabase, wo sich ausschließlich der Chor an das Publikum wendet, der Chorführer spricht hierbei repräsentativ über die Bedeutung des Dichters in der Gesellschaft[77].
Mit dem Augenmerk auf die Polis Athen ist auch die Repräsentation Athens in den Dramen interessant. Tatsächlich spielen die wenigsten Dramen in Athen bzw. Attika, lediglich drei Stücke der drei Tragiker[78], diese fördern aber die Identität der Menschen in Athen[79]. Ein anderer Spielort, der somit als Art Gegenstück zu Athen fungiert, ist Theben.
Nicht nur große politische und kulturelle Angelegenheiten wurden im Theater behandelt. Offensichtlich war in diesem Teil der athenischen Kultur die Totenehrung, so ließ Lykurg

---

[68] Vgl. Gödde 2015, S. 317.
[69] Vgl. Funke 1999, S. 56.
[70] Vgl. Schulz/ Walter 2022, S. 189.
[71] Vgl. Gehrke/ Schneider 2019, S: 204.
[72] Vgl. Melchinger 1974, S. 32.
[73] Vgl. Funke 1999, S. 76.
[74] Vgl. Melchinger 1974, S. 26.
[75] Vgl. Bierl 2012, S. 316.
[76] Vgl. Funke 1999, S. 77.
[77] Vgl. Zimmermann 1999, S. 160.
[78] Vgl. Gödde 2015, S. 318.
[79] Vgl. Gödde 2015, S. 317.

Statuen von Aischylos, Sophokles und Euripides nach ihrem Tod in Athen aufgestellt[80] und auch Sophokles selbst trauerte wohl öffentlichkeitswirksam nach dem Tod des Euripides, indem er bei den Dionysien 406 v. Chr. Trauerkleidung trug und seine Schauspieler und sein Chor ohne Kränze beim Proagon auftraten[81].

Gegen Ende seines Wirkens schrieb auch Aristophanes zunehmend über private Themen und allgemeine Probleme des menschlichen Daseins, was dem allgemeinen Trend dieser Zeit entspricht, denn nach Ende der demokratischen Polis 404 v. Chr. wurde das Theater immer privater[82].

Inwiefern die Dionysien auch Frauen in der Polis betreffen ist unklar. Klar ist, dass die Festspiele von Männern organisiert wurden und dass nur sie Dramen produzieren und Spielen durften[83]. Jeffrey Henderson bezeichnet die Aufführungen deswegen sogar als „male drag shows"[84]. Zwar ist eine derartige Kategorisierung unsinnig, den Kern erfasst es dennoch; männliche Schauspieler mussten zwangsläufig weibliche Rollen spielen. Frauen waren in den Dramen auch keineswegs unsichtbar, siehe *Antigone*, dennoch gibt es keine Quelle, die beweist, dass auch Frauen an den Dionysien teilnahmen, aber auch keine, die das eindeutig widerlegen würde[85].

Die kulturellen Bereiche, die das Dionysos-Theater abdeckt, gehen von gesamtgesellschaftlichen Ritualen über zu sehr privaten Inhalten und werden auch emotional.

---

[80] Gybas, Magdalena: *Das Theater in der Stadt und die Stadt im Theater. Urbanistischer Kontext und Funktionen von Theatern um kaiserzeitlichen Kleinasien.* Verlag Dr. Kovač, Hamburg 2018. hier S. 166.
[81] Vgl. Mueller-Goldingen 1999, S. 149.
[82] Vgl. Zimmermann 1999, S. 164.
[83] Henderson, Jeffrey: *Women at the Athenian Dramatic Festivals.* Transactions of the American Philological Association (1974 – 2014) Vol. 121, The Johns Hopkins University Press, Baltimore 1991, S. 133 – 147. hier S. 134.
[84] Henderson 1991, S. 145.
[85] Vgl. Henderson 1991, S. 138.

4. Fazit

Die verfasste Arbeit hat verschiedene Auswirkungen des Dionysos-Kults auf das Theater im klassischen Athen und folglich auf die kulturelle Landschaft aufgezeigt. Es wird deutlich, dass der Kult um den Theatergott Dionysos in ständiger Wechselwirkung stand mit der Ausführung und dem Inhalt der einzelnen Theaterstücke. Der Dionysos-Kult findet seinen Ausdruck im Theater und kann nicht davon getrennt betrachtet werden.

Die politischen Ereignisse der Realität und der mythische wie kultische Dionysos schufen in Verbindung die Geschichten der Dramen. Die Kultur spiegelte sich somit im Dionysos Theater wider und wurde gefördert mit dem Dionysos-Theater als Plattform der Meinungskundgabe, des Zusammenkommens und resultierend der gestärkten Gemeinschaft.

Die Forschung zu diesem Thema lehrt uns, dass die Kunst einen sehr mächtigen Einfluss haben kann auf kulturelle Landschaften, und das macht die Untersuchung der antiken Dramen und ihrer kultischen und mythischen Grundlagen bis heute interessant und relevant.

5. Quellen- und Literaturverzeichnis

Quellen:

Euripides: Die Bakchen. Deutsch, herausgegeben von Oskar Werner, Stuttgart 1968.

Sophokles: Antigone. Deutsch, herausgegeben von Kurt Steinmann, Stuttgart 2013.

Sophokles: König Ödipus. Deutsch, herausgegeben von Kurt Steinmann, Stuttgart 1989.

Literatur:

Bierl, Anton: *Tragödie als Spiel und das Satyrspiel.* Verlag W. Kohlhammer, 2006 (Aufgang – Jahrbuch für Dichten, Denken und Musik, Band 3).

Bierl, Anton: *Dionysos auf der Bühne. Gattungsspezifische Aspekte des Theatergottes in Tragödie, Satyrspiel und Komödie.* In: Renate Schlesier (Hrsg.): *A different God? Dionysos and Ancient Polytheism.* De Gruyter, Berlin, Boston 2012, S. 315 – 341.

Fauth, Dr. Wolfgang (Göttingen): *Dionysos.* In: Konrat Ziegler und Walther Sontheimer (Hrsg.): *Der Kleine Pauly: Lexikon der Antike in fünf Bänden.* Deutscher Taschenbuchverlag, München 1979 (Der Kleine Pauly, Band 2). S. 77 – 85.

Fauth, Dr. Wolfgang (Göttingen): *Lenaia.* In: Konrat Ziegler und Walther Sontheimer (Hrsg.): *Der Kleine Pauly: Lexikon der Antike in fünf Bänden.* Deutscher Taschenbuchverlag, München 1979 (Der Kleine Pauly, Band 3). S. 556 - 557.

Feichtinger, Barbara: *Aischylos.* In: Kai Brodersen (Hrsg.): *Große gestalten der griechischen Antike. 58 historische Porträts von Homer bis Kleopatra.* Verlag C.H. Beck, München 1999.

Funke, Peter: *Athen in klassischer Zeit.* Verlag C.H. Beck, München 1999.

Gehrke, Hans-Joachim; Helmuth Schneider (Hrsg.): *Geschichte der Antike. Ein Studienbuch.* J.B. Metzler, Stuttgart 2019.

Goette, Hans Rupprecht: *Die Basis des Astydamas im sogenannten lykurgischen Dionysos-Theater zu Athen.* Antike Kunst, 42. Jahrg. (1999), S. 21 – 25.

Gödde, Susanne: *Athen: Autochthoner Raum und politisches Theater.* In: Jörg Dünne u. Andreas Mahler (Hrsg.): *Handbuch Literatur & Raum.* De Gruyter, Berlin, München, Boston 2015.

Gödde, Susanne: *Unsagbares sagen. Ästhetische und rituelle Aspekte des Schweigens in der griechisches Tragödie: Ödipus und Orest.* Poetica, Vol. 37 (2005), No 3/4, S. 255 – 284.

Gybas, Magdalena: *Das Theater in der Stadt und die Stadt im Theater. Urbanistischer Kontext und Funktionen von Theatern um kaiserzeitlichen Kleinasien.* Verlag Dr. Kovač, Hamburg 2018.

Henderson, Jeffrey: *Women at the Athenian Dramatic Festivals.* Transactions of the American Philological Association (1974 – 2014) Vol. 121, The Johns Hopkins University Press, Baltimore 1991, S. 133 – 147.

Henrichs, Albert: *Between City and Country: Cultic Dimensions of Dionysus in Athens and Attica.* In: *Greek Religion and Society.* Mark Griffith, Donals J. Mastronarde (Hrsg.): *Cabinet of the Muses: essays on classical and comparative literature in honor of Thomas G. Rosenmeyer.* Atlanta 1990, S. 257-277.

Henrichs, Albert: *Der rasende Gott: Zur Psychologie des Dionysos und des Dionysischen in Mythos und Literatur.* Antike und Abendland Vol. 40, Hamburg 1994, S. 31 – 58.

Krummen, Eveline: *Sophokles.* In: Kai Brodersen (Hrsg.): *Große gestalten der griechischen Antike. 58 historische Porträts von Homer bis Kleopatra.* Verlag C.H. Beck, München 1999.

Melchinger, Siegfried: *Die Welt als Tragödie. Band 1 Aischylos Sophokles.* Verlag C.H. Beck, München 1979.

Melchinger, Siegfried: *Geschichte des politischen Theaters 1.* Suhrkamp, Frankfurt a.M. 1974.

Mueller-Goldingen, Christian: *Euripides.* In: Kai Brodersen (Hrsg.): *Große gestalten der griechischen Antike. 58 historische Porträts von Homer bis Kleopatra.* Verlag C.H. Beck, München 1999.

Simon, Erika: *Festivals of Attica. An Archaeological Commentary.* The University of Wisconsin Press, Wisconsin 1983.

Schulz, Raimund; Uwe Walter: *Griechische Geschichte ca. 800-322 v.Chr., Bd. 1: Darstellung.* De Gruyter, München 2022 (Oldenburg Grundriss der Geschichte).

Zimmermann, Bernhard: *Aristophanes.* In: Kai Brodersen (Hrsg.): *Große gestalten der griechischen Antike. 58 historische Porträts von Homer bis Kleopatra.* Verlag C.H. Beck, München 1999.

BEI GRIN MACHT SICH IHR WISSEN BEZAHLT

- Wir veröffentlichen Ihre Hausarbeit, Bachelor- und Masterarbeit

- Ihr eigenes eBook und Buch - weltweit in allen wichtigen Shops

- Verdienen Sie an jedem Verkauf

Jetzt bei www.GRIN.com hochladen und kostenlos publizieren